AF356468

L'ESPRIT FRAPPEUR

ou

LES SEPT MERVEILLES DU JOUR

COMÉDIE-VAUDEVILLE EN UN ACTE

Par MM. CLAIRVILLE et Jules CORDIER

Représentée, pour la première fois, à Paris, sur le théâtre du PALAIS-ROYAL, le 17 décembre 1853.

PRIX : 60 CENTIMES.

Paris

BECK, LIBRAIRE, RUE DES GRANDS-AUGUSTINS, 20

1853

L'ESPRIT FRAPPEUR

OU

LES SEPT MERVEILLES DU JOUR

COMÉDIE-VAUDEVILLE EN UN ACTE,

Par MM. CLAIRVILLE et Jules CORDIER,

Représentée, pour la première fois, à Paris, sur le théâtre du PALAIS-ROYAL, le 17 Décembre 1853.

PERSONNAGES.	ACTEURS.	PERSONNAGES.	ACTEURS.
MIRONTAINE, rentier, habitant Coucouron......	M. Amant.	L'ETE................	Mlles Morel.
L'ESPRIT FRAPPEUR...	Mlle Aline.	LE PRINTEMPS........	Brassine.
LE COLOSSE DE RHODES...		L'AUTOMNE...........	Azimont.
LES JARDINS DE BABYLONE.		L'HIVER.............	Cico.
LES PYRAMIDES D'ÉGYPTE		LE COSAQUE..........	M. Hyacinthe.
LE TEMPLE DE DIANE.....	Joués par 7 femmes.	LE JARDIN TURC......	Mlles Juliette Pelletier.
LE TOMBEAU DE MAUSOLE.		UN GARÇON DE CAFÉ.	
LE PHARE D'ALEXANDRIE.		LE JARDIN MABILLE...	Irma.
JUPITER OLYMPIEN........		CHATEAU DES FLEURS.	Desirée.
FARIBOLE..............	MM. René-Luguet.	LA CHAUMIÈRE.......	
GIRANDOLE............	Pellerin.	LE JARDIN D'HIVER...	Méry.
DIANE BAZU............	Grassot.	FURET, représentant les	
LE ROMAIN CASQUÉ, première statue..........	Hyacinthe.	théâtres.............	M. Levassor.

La scène est à Paris, de nos jours.

Le théâtre représente un salon.

SCÈNE PREMIÈRE.

MIRONTAINE, *seul ; il est assis dans un fauteuil et tient un journal ; lisant.* « Ce n'est plus un doute, et le fluide électro-magnétique est appelé à produire des miracles. Dernièrement, aux États-Unis, M. Blaguo du Canard s'enferma dans sa chambre, qu'à lui tout seul il inonda de fluide animal, et parvint à invoquer l'esprit frappeur de sa première femme, morte depuis onze ans... Ils eurent un entretien touchant, dans lequel sa femme avoua l'avoir trompé dix-huit fois de son vivant. La conversation se termina par une pile électrique que la défunte reçut de son mari. De tels prodiges seraient invraisemblables, s'ils n'étaient certifiés par le journal sérieux de la localité. » (*S'interrompant et se levant.*) Le fait est que si c'est un journal sérieux qui le certifie... Mais c'est renversant ! communiquer avec sa femme, onze ans après son décès, et apprendre de la bouche de son esprit que... voilà qui est agréable !..

Air : *Ah! qu'il est doux de vendanger.*

Ah! que de tapage à Paris !
Que de pleurs, que de cris,
Si, parlant de leurs favoris,
Les défuntes gentilles
Contaient à leurs maris
Toutes leurs peccadilles !

D'invoquer un esprit frappeur
Chaque époux aurait peur ;
Comment apprendre sans stupeur
Que l'on fut... je présume

Que ça n'est pas flatteur,
Même quand c'est posthume.

Mais je suis là que je m'occupe d'esprit... et j'oublie la Porte-Saint-Martin... Oh ! les Sept Merveilles du monde !.. j'en rêve... il faut à tout prix que je contemple le **Colosse de Rhodes**, les **Jardins de Babylone**, le **Phare d'Alexandrie** etc., etc... Dire que voilà huit jours que je fais queue au bureau de location sans pouvoir obtenir une seule place, fût-ce au paradis !.. Ils disent que tout est retenu pour deux ans ; et moi qui arrive exprès de Coucouron pour jouir des merveilles de ce spectacle merveilleux... Mais j'y pense, si, au lieu d'invoquer la buraliste, j'invoquais un esprit frappeur... l'esprit frappeur de ma défunte, par exemple... Oh ! non, elle n'aurait qu'à m'apprendre aussi... Je ne tiens pas à savoir ces choses-là. Ah ! l'esprit frappeur de mon oncle ?.. Voyons, voyons... le journal dit que pour invoquer un esprit frappeur, il faut être à jeun ou n'avoir mangé que des épinards... Je n'ai pas mangé d'épinards, mais je suis à jeun... Ah ! il faut aussi s'enfermer... Enfermons-nous... et maintenant, essayons quelques passes électrico-magnético-fantastico à l'endroit de mon oncle.

Air de *Robert le Diable.*

Oncle qui reposez sous une froide pierre,
Réveillez-vous !

(*Ici l'on frappe trois coups à la porte du fond.*)

SCÈNE II.

MIRONTAINE, L'ESPRIT FRAPPEUR.

L'ESPRIT FRAPPEUR, *hors de vue, frappant,*

Air : *Pan ! pan !*

Pan ! pan !
MIRONTAINE, *effrayé.*
En moi quel trouble !
L'ESPRIT, *de même.*
Pan ! pan !
MIRONTAINE.
Dieu ! quel effroi !
L'ESPRIT.
Pan ! pan !
MIRONTAINE.
Le bruit redouble !
L'ESPRIT, *traversant le mur au moyen d'une trappe anglaise.*
Pan ! pan !
Je viens à toi !
MIRONTAINE.
Que vois-je !
L'ESPRIT.
C'est l'esprit frappeur.
MIRONTAINE.
L'esprit frappeur :
L'ESPRIT.
A ta requête
J'arrive d'un coup de baguette.
MIRONTAINE.
L'esprit frappeur me fait grand'peur.

L'ESPRIT.
Pan ! pan !
A ma puissance,
Pan ! pan !
Tout obéit.
Pan ! pan !
Fais connaissance
Pan ! pan !
Avec l'esprit.

MIRONTAINE. Comment ! il se pourrait !.. vous seriez ?..

L'ESPRIT. L'esprit de ton oncle.

MIRONTAINE. L'esprit de mon oncle !.. Je ne lui en ai jamais connu... mon oncle était très-bête... et vous étiez son esprit ?

L'ESPRIT. Un peu, mon neveu.

MIRONTAINE. Je ne vous en fais pas mon compliment ; mais c'est égal, je sais ce que je dois à mon oncle... voulez-vous me permettre... (*Il veut l'embrasser.*)

L'ESPRIT. Est-ce qu'on embrasse un esprit !.. Tu m'as appelé, que me veux-tu ?

MIRONTAINE. C'est que je ne sais pas trop si vous aurez le pouvoir...

L'ESPRIT. Le pouvoir... tu oses douter ?..

MIRONTAINE. Pardon, mon oncle, je ne pensais plus...

L'ESPRIT. Moi, devant qui s'ouvrent toutes les portes !

MIRONTAINE. Si vous pouviez m'ouvrir la porte de la Porte-Saint-Martin !

L'ESPRIT. Rien n'est impossible à l'esprit frappeur.

Air : *Brindezingue ! ou vite en route, coûte que coûte.*

Tape, tape,
Frappe et refrappe !
Tape,
Frappe,
On te répondra.
Tape, tape,
Frappe et refrappe,
Tape,
Frappe,
Et l'on t'ouvrira.
Je dis à l'auteur dont le but
Est d'arriver à l'Institut :
Frappe un grand coup dès ton début,
A l'Académie,
Toujours endormie,
Pour entrer, il faut
L'éveiller en sursaut.
Tape, tape, etc.

Si tu veux un cœur très-aimant,
Qui s'enflamme facilement,
A Paris, ordinairement,
L'amour se concentre,
Tu peux choisir entre
Le Grand Opéra
Ou le quartier Breda.

Tape, tape, etc.
Au théâtre, avec du talent,
A la Bourse avec de l'argent,
Dans le monde avec du clinquant,
   Bref, si tu veux plaire,
   Partout sur la terre,
   Avec des vertus,
   Et surtout des écus,
Tape, tape, etc.

MIRONTAINE. Eh bien! je tape, je frappe, je refrappe depuis huit jours à la Porte-Saint-Martin, et on ne m'ouvre pas...

L'ESPRIT. Et que diable veux-tu faire à la Porte-Saint-Martin?

MIRONTAINE. Voir les Sept Merveilles du monde... si vous pouviez me procurer un billet moins cher qu'au bureau?

L'ESPRIT. Tu veux voir les Sept Merveilles?.. Je vais les faire venir ici.

MIRONTAINE. Ici!..

L'ESPRIT. Rien de plus facile.

MIRONTAINE. Allons donc!.. le Colosse de Rhodes ne tiendra jamais...

L'ESPRIT. Oh! le Colosse de Rhodes de la Porte-Saint-Martin est un si petit colosse!.. Tu vas voir.

MIRONTAINE. Mon cœur palpite.

L'ESPRIT. Paraissez, Merveilles du monde! (*Ici le fond s'ouvre et les Sept Merveilles apparaissent groupées sur des nuages.*)

MIRONTAINE.
Air : *Ah! le bel oiseau.*
Que vois-je?.. sont-ce bien là
   Ces merveilles
   Sans pareilles?
Pouvait-on croire cela?
Dans quel état les voilà!

Quel est donc l'affreux destin
Qui les a si rabaissées?
L'ESPRIT.
C'est la Porte-Saint-Martin
Qui les a rapetissées.
ENSEMBLE.
Regarde, ce sont bien là... etc.
MIRONTAINE.
Ah! grand Dieu! sont-ce bien là... etc.

MIRONTAINE. L'éloge qu'on me faisait de ces merveilles n'était donc qu'un canard?

L'ESPRIT. Eh! mon Dieu! oui! des canards, on ne voit plus que cela.

Air :
N'avait-on pas dit qu'un lion
Enlèverait un homme...
Et qu'on le verrait, en ballon,
Partir de l'Hippodrome!
MIRONTAINE.
Un homme partir sur un lion?
L'ESPRIT.
Mais, c'était tout bonn'ment un lion

D' carton!
MIRONTAINE.
Oh! oh! oh!.. ah! ah! ah! ah!
Quel canard que ce lion-là,
   La la!
L'ESPRIT.
Et la comète, on lui voyait
Au moins deux ou trois queues,
Dont chacune s'apercevait
De cent millions de lieues!
L'Observatoire les vit bien,
Mais le public parisien
   N' vit rien!
MIRONTAINE.
Oh! oh! oh! ah! ah! ah! ah!
Quel canard que c'te comèt'-là,
   La la!
L'ESPRIT.
Et la fameuse question
Que chacun questionne,
Et qui fait encor question
Quoiqu'on la questionne...
Le monde est à la question
   Par cette question
   En question!
MIRONTAINE.
Oh! oh! oh! ah! ah! ah! ah!
Quel canard que c'te question-là,
   La la!

MIRONTAINE. Comment! ce sont là les merveilles de l'antiquité?

L'ESPRIT. Quelle différence avec celles de nos jours!

MIRONTAINE. Des merveilles de nos jours?.. Est-ce qu'il y en a?

L'ESPRIT. S'il y en a!.. mais, chaque année, chaque mois, chaque semaine, chaque jour en enfante par dizaines, par centaines, par millions! par milliards!

MIRONTAINE. Allons donc! je vous défie de me montrer l'équivalent d'une pyramide d'Égypte!

L'ESPRIT. Pour peu que cela te soit agréable.. regarde! (*Le rideau du fond se lève et l'on aperçoit une rue au milieu de laquelle s'élève la tour Saint-Jacques.*)

SCÈNE III.

MIRONTAINE, L'ESPRIT FRAPPEUR.

MIRONTAINE. Qu'est-ce que c'est que ça?
L'ESPRIT. La tour Saint-Jacques.
MIRONTAINE. Et voilà ce que vous me donnez pour une pyramide. (*Riant.*) Ah! ah! ah!
L'ESPRIT. Veux-tu bien fermer la bouche.
MIRONTAINE. Fermer la bouche!.. je ne peux pas... quand on vous montre pour une pyramide, la tour Saint-Jacques, *la bouche rit.*
L'ESPRIT. Et pourquoi donc? tu demandais une

antiquité, en voilà une, une tour qui date de 1500 !

MIRONTAINE. Mais, à ce compte-là, tu vas me montrer la statue d'Henri IV pour celle de Jupiter Olympien !

L'ESPRIT. Oh! en fait de statue j'ai mieux que ça!.. regarde !

SCÈNE IV.

LES MÊMES, LE ROMAIN CASQUÉ.

(Sur une musique de mélodrame, entre le Romain casqué en marchant comme la statue du Commandeur. Il vient se poser au milieu du théâtre, et après la musique, dit d'un ton naturel.)

LE ROMAIN. Bonjour, Monsieur.

MIRONTAINE. Monsieur, je suis bien le vôtre, qui êtes-vous?

LE ROMAIN. Je suis le Romain casqué.

MIRONTAINE. Casqué?

LE ROMAIN. Oui, Monsieur, sur le pont d'Iéna, nous sommes quatre Romains, et comme les trois autres sont complétement nu-tête, on m'appelle le Romain casqué, à cause de mon casque.

MIRONTAINE. Ah ! vous êtes une des statues du pont d'Iéna ?.. tiens, on m'avait dit que vous étiez à cheval.

LE ROMAIN. Non, Monsieur, nous avons des chevaux, mais nous sommes à pied.

L'ESPRIT. Et dans des positions !..

LE ROMAIN. Ne m'en parlez pas!

Air de *Calpigi*.

> On dirait que je tiens un' brosse
> Pour brosser un ch'val de carrosse;
> Mon voisin, qui n'a l'air de rien,
> Semble vouloir baigner le sien,
> Nous avons tous même maintien.
> Grâce à notre pose grotesque,
> Vraiment on se demande presque,
> Si nous sommes quatre guerriers,
> Ou seul'ment quatre pal'freniers.

MIRONTAINE. Mais enfin, que faites-vous sur ce pont d'Iéna ?

LE ROMAIN. Les deux premiers Romains regardent les revues du Champ-de-Mars... comme ça, et les deux autres regardent passer l'omnibus de Passy, comme ça!

MIRONTAINE. Tiens! tiens! tiens!

LE ROMAIN. Oui, Monsieur; de sorte que les quatre chevaux et les quatre guerriers plus que légèrement vêtus tournent le dos au pont d'Iéna. C'est un tableau bien ravissant pour ceux qui sont au milieu.

MIRONTAINE. Mais j'y pense, si vous quittez ainsi vos chevaux, on pourrait les enlever.

LE ROMAIN. Oh! non, Monsieur... oh! non, non, non, ils sont trop lourds pour ça.

L'ESPRIT.
Air : *Voilà la différence.*

> Les chevaux sont gros et massifs,
> Les hommes petits et chétifs,
>   Voilà la différence! (*Bis.*)
> Les chevaux ne sont pas vêtus,
> Les hommes ne l' sont pas non plus,
>   Voilà la ressemblance!

MIRONTAINE. En effet, je me suis laissé dire que vos chevaux...

LE ROMAIN. Ce sont des chevaux savants, Monsieur.

MIRONTAINE. Des chevaux savants !

LE ROMAIN. Vous les voyez tous les quatre, mais tous les quatre lever une jambe en l'air comme pour dire quelle est la personne la plus amoureuse de la société.

MIRONTAINE. Vous piquez ma curiosité, j'irai vous voir avec ma sœur et ma cousine.

LE ROMAIN. Bigre! quelle inconvenance!

MIRONTAINE. Plaît-il ?

LE ROMAIN. Ne les amenez pas.

MIRONTAINE. À cause de quoi?

LE ROMAIN.
Air de la *Petite sœur.*

> Sur le pont, nous sommes Romains;
> Mais, comme on vient de vous le dire,
> C' n'est pas nos pal'tots qu'on admire.
> Sans aller par quatre chemins,
> Nous n'avons ni jup' ni tunique.

MIRONTAINE.
C'est unique.

LE ROMAIN.

> Aussi, depuis qu' les Romains font
> Admirer leurs poses nouvelles,
> On n' fait plus traverser le pont
> Aux pensionnats de demoiselles.

MIRONTAINE. En effet, vous me paraissez singulièrement vêtu !

LE ROMAIN. Oh ! Monsieur, j'ai un costume pour le soir.

MIRONTAINE. Bah! vous avez un costume pour le soir ?

L'ESPRIT. Est-ce que tu croyais qu'ils passaient la nuit sur le pont d'Iéna ?

MIRONTAINE. Comment! ils quittent leur pont la nuit?

LE ROMAIN. Oui, Monsieur; nous le quittons pour aller jouer à l'Opéra le ballet d'Œlia et Mysis.

MIRONTAINE. Le ballet d'Œlia et Mysis!.. est-ce que ça a existé ?

LE ROMAIN. Très-peu !.. un ballet romain presque aussi amusant qu'une tragédie, pas tout à fait aussi amusant, mais presque... L'Opéra ayant appris que le pont d'Iéna possédait un Romain casqué, a voulu aussi avoir un ballet casqué, il a casqué tous ses danseurs.

MIRONTAINE. Et vraiment vous quittez vos piédestaux?

LE ROMAIN. Sur nos piédestaux on nous voit pour rien, tandis que pour nous voir à l'Opéra, on est obligé de payer sur le *pied des stalles.*

MIRONTAINE. Et que faites-vous à l'Opéra?

LE ROMAIN. J'enlève une vestale.

MIRONTAINE. Une vestale!

LE ROMAIN. Oui, Monsieur; il y en a encore à l'Opéra et à Nanterre, ce sont les deux seuls endroits.

MIRONTAINE. Et comment enlevez-vous cette vestale?

LE ROMAIN. Si vous en avez à me procurer, je vais vous montrer ça.

MIRONTAINE. Esprit frappeur, procurez une vestale à Monsieur.

L'ESPRIT. Nous n'avons pas ça ici.

MIRONTAINE. C'est fâcheux!

LE ROMAIN. Oui, c'est fâcheux!.. J'aurais pourtant bien voulu vous donner une idée de ce ballet... Enfin je vais me borner à vous en faire connaître la moralité.

L'ESPRIT. Il y a une moralité?

Air : *V'là c' que c'est d'aller au bois.*

Ce ballet romain nous apprend
Qu'un Romain est bête en dansant,
Que de la vieille Rom', la graine
    Pousse mal en scène,
    Et qu'une romaine,
Si bonne en salad', ne vaudra
Jamais rien en opéra.
    (Fausse sortie. Revenant.)
J'étais bien aise d' vous dir' ça,
Et je r'tourne au pont d'Iéna.

(Il disparaît.)

MIRONTAINE. Est-il possible que dans un siècle de lumières...

L'ESPRIT. A propos de lumières, veux-tu que je te montre un équivalent du phare d'Alexandrie?

MIRONTAINE. Ah! bon! je vous vois venir; vous allez me faire voir les illuminations du Prophète, la voiture à gaz, la lanterne de Diogène et la lumière électrique?

L'ESPRIT. Allons donc! en fait de lumières, nous sommes un peu plus riches, regarde! *(Deux inscriptions tombant du cintre; sur la première on lit :* MÉMOIRES D'UN ÉPICIER DE PARIS; *sur la seconde :* MÉMOIRES D'ALEXANDRIE.*)*

MIRONTAINE. Qu'est-ce que c'est que ça?.. *(Lisant.)* « Mémoires d'Alexandrie... »

L'ESPRIT. « Mémoires d'un épicier de Paris. » Deux phares littéraires.

SCÈNE V.

LES MÊMES, FARIBOLE ET GIRANDOLE ; *ils entrent.*

CHŒUR, *en dehors.*

Air : *Ah! c'est une horreur.*

Ah! crains ma vengeance, ma vengance, ma vengeance!
    C'est affreux!
    Scandaleux!
FARIBOLE ET GIRANDOLE.
    Ils sont furieux.
LES INDIVIDUS, *dans la coulisse.*
Guerre à qui m'offense, à qui m'offense! à qui m'offense!
    Nous saurons,
    Nous saurons
    Venger nos affronts.

FARIBOLE. Ah! vous me menacez! eh bien! je vous refourre dans mon second volume.

GIRANDOLE. Et moi, dans ma seconde édition.

MIRONTAINE. Mais qu'est-ce donc?

FARIBOLE. Ne m'en parlez pas, Monsieur, si l'on écoutait ces gens-la, la vie privée ne regarderait personne.

GIRANDOLE. Les faiseurs de Mémoires seraient réduits à ne parler que de leurs propres affaires, comme ça serait intéressant!

MIRONTAINE. Ah! ces messieurs font des Mémoires?

FARIBOLE. Oui, Monsieur, je m'appelle Faribole; je suis d'une fécondité étonnante; ma tête est une encyclopédie... je fais un roman en trois jours, une pièce de théâtre en trois heures et mes Mémoires par-dessus le marché. Dans ces Mémoires, qui sont censés les miens, je raconte l'histoire de tout le monde, je dévoile toutes les turpitudes de mes amis et connaissances, et comme je dis tout ce que je pense, je dis le plus grand bien de moi et le plus grand mal des autres. C'est ma manière de voir.

MIRONTAINE. Elle est respectable, Monsieur, elle est respectable. *(A Girandole.)* Et vous, Monsieur?..

GIRANDOLE. Moi, Monsieur, je m'appelle Girandole. Je fus autrefois dans le commerce, épicier en gros. Je recevais alors une foule de lettres plus ou moins confidentielles dans lesquelles on me confiait, sous le sceau du secret, les facéties les plus monstrueuses... Faribole venait de publier ses Mémoires, qui faisaient fureur... je me dis : Si je publiais les miens?.. l'idée ne serait pas neuve, mais elle serait désespérante pour tous mes amis intimes. Cette pensée me sourit.

MIRONTAINE. O homme étonnant!

GIRANDOLE.

Air de l'*Apothicaire.*

Je pris de l'encre et du papier.

FARIBOLE.

Avant ces Mémoires bizarres,

Vous guérissiez, comme épicier,
Bien des rhumes, bien des catharres.
C'est à tort que vous l'oubliez ;
Votre littérature gâte
Le mérite que vous aviez,
D'être un homme de bonne pâte.

GIRANDOLE. Ah ! confrère, vous êtes jaloux.

FARIBOLE. Jaloux, moi, Faribole... Je ne répondrai pas à cette plaisanterie, je la mettrai dans mon journa!.

MIRONTAINE. Vous faites aussi un journal ?

FARIBOLE. Oui, certes, un journal de moi, dont l'idée est de moi et qui sera tout entier rédigé par moi.

MIRONTAINE. Et de qui parlez-vous ?

FARIBOLE. De moi.

MIRONTAINE. Mais qui louez-vous ?

FARIBOLE. Moi.

MIRONTAINE. Et qui éreintez-vous ?

FARIBOLE. Pas moi.

MIRONTAINE. Et comment s'y abonne-t-on ?

FARIBOLE. Au mois.

L'ESPRIT. Alors ce journal quotidien sera le journal du mois.

FARIBOLE, à Mirontaine. Pardon, Monsieur, puisque le hasard me procure le plaisir de vous rencontrer... votre nom, s'il vous plaît ?

MIRONTAINE. Mirontaine. (Ici Faribole et Girandole tirent chacun un calepin de leur poche et se mettent à écrire.)

FARIBOLE. Êtes-vous marié ?

MIRONTAINE. Je le fus.

GIRANDOLE. Combien de fois ?

MIRONTAINE. Une fois.

FARIBOLE, écrivant. Il le fut une fois.

GIRANDOLE, de même. Il le fut deux fois.

FARIBOLE. Vous devez être friand ?..

GIRANDOLE. Gastronome...

MIRONTAINE. Mais, Messieurs...

FARIBOLE. Mirontaine vit comme un Sardanapale.

MIRONTAINE. Hein !..

GIRANDOLE. Mirontaine vit comme un cuistre.

MIRONTAINE. Vous dites ?..

FARIBOLE. Mirontaine fait des poufs à la Maison-d'Or.

MIRONTAINE. Des poufs !..

GIRANDOLE. Mirontaine tondrait sur un œuf...

MIRONTAINE. Ah çà, mais...

FARIBOLE. Bref, Mirontaine est un gouliafre.

MIRONTAINE. Ah çà, morbleu !..

FARIBOLE. Avez-vous quelques défauts ?

GIRANDOLE. Vous êtes ivrogne, libertin, ou seulement un peu voleur !

MIRONTAINE. Mais non, Messieurs...

FARIBOLE, écrivant. Mirontaine n'était pas sans avoir beaucoup de défauts...

GIRANDOLE, de même. Il avait tous les vices.

FARIBOLE, écrivant. C'était un modèle de crétinisme.

MIRONTAINE. Hein !..

GIRANDOLE. Il était bête comme une oie.

MIRONTAINE. A la fin, Messieurs...

FARIBOLE.

Air du *Piége.*

Nous vous tirons de votre obscurité.

GIRANDOLE.

Sur vous, répandant la lumière,
Nous vous menons à la postérité.

MIRONTAINE.

Mais d'une drôle de manière.

FARIBOLE.

Oui, malgré lui, chacun sera cité.

GIRANDOLE.

Nous écrirons une foule d'histoires.

L'ESPRIT.

Heureusement que la postérité
Ne connaîtra pas vos Mémoires.

FARIBOLE. Nos Mémoires, Monsieur, sont les phares de la société moderne.

GIRANDOLE. Les flambeaux du dix-neuvième siècle.

FARIBOLE. Les miroirs du monde.

GIRANDOLE. Les daguerréotypes des hommes du jour.

FARIBOLE ET GIRANDOLE.

Air :

Nous ne ménageons rien,
Nous dessinons d'après nature,
Notre littérature
Est un miroir parisien.

FARIBOLE.

J'ai dit tout bêtement
Que je suis un grand homme.

GIRANDOLE.

J'ai dit et prouvé comme
Je suis tout aussi grand,

FARIBOLE.

Je suis cité partout.

GIRANDOLE.

Moi, dans l'épicerie.

FARIBOLE.

Comme homme de génie,

MIRONTAINE.

Et modeste surtout.

REPRISE.

Nous ne ménageons rien, etc,
Ils ne ménagent rien, etc,

(Ils sortent ; le Phare sort avec eux.)

SCÈNE VI.

MIRONTAINE, L'ESPRIT.

MIRONTAINE. C'est affreux... Après avoir entendu de pareilles énormités, je n'oserai plus retourner à Coucouron. Ah!.. Où retrouver mes illusions, mon innocence!..

L'ESPRIT. Eh! mais, dans le temple de Diane...

MIRONTAINE. Déesse de la chasse... teté!.. Si j'allais me purifier dans son temple, à Éphèse...

L'ESPRIT. Son temple?.. mais il n'existe plus.

MIRONTAINE. Ah! bah!

L'ESPRIT. Il a été brûlé par Érostrate pendant que Diane présidait aux travaux de Lucine.

MIRONTAINE. Aux travaux de Lucine?..

DIANE BAZU, *en dehors.* Chapeaux à vendre!.. v'là la marchande de chiff's!..

L'ESPRIT, *à Mirontaine.* Tiens, à défaut du temple d'Éphèse, je puis te montrer...

DIANE. Chapeaux à vendre!

MIRONTAINE. Qu'est-ce que c'est que ça?

L'ESPRIT. Voici le Temple, rue du Temple.

SCÈNE VII.

LES MÊMES, DIANE BAZU.

DIANE BAZU.

Air nouveau de *Mangeant.*

L' Templ' va-t-être démoli!
Dans l' chiffon, j'avais vieilli...
Aussi, j'en ai tressailli !
Ça n'est pas poll!
Ça n'est pas joli!
De chagrin nous étouffons,
Et jamais dans nos alarmes,
Nous n'aurons assez d' chiffons,
Pour essuyer tout's nos larmes.
Ah! ah! ah!..

Hélas! oui, mes beaux petits anges, v'là la grande nouvelle du jour. On va démolir le Temple oùsque depuis quarante ans, moi, la pauvre Diane... (*Elle pleure.*)

MIRONTAINE. Vous vous nommez Diane?

DIANE BAZU. Diane Bazu, ex-sage-femme.

MIRONTAINE. Ah! vous présidiez aussi aux travaux de Lucine?

DIANE BAZU. Oui, parce que j'avais fait vœu de chasteté; mais j'ai-z-évu des faiblesses.

L'ESPRIT. Absolument comme Diane.

DIANE BAZU. Absolument... Un jour que je prenais un bain de propreté à Saint-Ouen, je fus surprise par un municipal.

L'ESPRIT. Comme Diane par Actéon.

MIRONTAINE. Est-ce que vous l'avez changé en cerf?

DIANE BAZU. J'en ai fait mon mari. En me voyant sortir de l'eau, il m'a demandé ma main, et je lui ai répondu en rougissant : Allez, vous l'avez... C'est alors que je suis venue m'établir au Temple; même que j'étais si belle, que l'on ne disait plus que le Temple de Diane... Mais ne voilà-t-il pas que, sous prétexte de nous agran-

dir, on va nous démolir, afin de nous rebâtir et de nous embellir... C'est à n'en plus finir. Ah ! les gueux!.. les gredins!.. les scélérats!..

REPRISE.

L' Templ' va-t-être démoli, etc.
L' Temple à bas, plus de profits,
Je m' dis, quand je le contemple,
J'étais gross' dam' dans Paris,
Quand j'étais enceint' du Temple.
Ah! ah! ah!..

Et dire que c'est pour faire une bête de place qu'on nous déplace!.. Si c'est pas déplacé!.. Aussi, quelle désolation dans le Temple!.. Déjà, on voit les marchands de rideaux, fermés; les marchandes de courtes-pointes, piquées; les marchands de chapeaux, enfoncés; les marchands de couteaux, repassés; et les marchands de gants, nettoyés !..

MIRONTAINE. Si c'est possible !

DIANE BAZU. C'est pas tout!.. Les jeunes bonnetiers murmurent tout haut, et les vieux, bas!.. Enfin, nous sommes tous désespérés, y compris les teinturiers, que le désespoir *atteint!..*

REPRISE.

L' Templ' va-t-êtr' démoli, etc.
Plus d'écus, plus de chalands,
On n' voit que des gens qui crient;
Faut pas croir' que les marchands,
Qui perdent leurs écus, rient.

Et dire que c'est la faute d'un tas de farauds, qui débinent not' marchandise!.. A les en croire, dans toute l'enceinte du Temple, on ne vend que des loques : nos gilets, nos cravates, nos chemises, nos *cols, loques !..* Commodes, pelles, pincettes, baquets, *seaux, lits, loques !..* V'là c' qui nous interloque... On dit encore que nous surfaisons; mais, sur la surface de la terre, il n'y a personne qui surfasse moins que nous... Au Temple, on n'a jamais vu qu'un chapelier qui vend des chapeaux, s'engraisse; qu'une cordonnière, sur une paire de souliers hanneton, vole; ni même qu'un marchand de pot à l'eau, triche. Aussi, nous allons faire une pétition pour conserver nos loques, et pour empêcher qu'on nous disloque. Que diable! on a assez fait pour les propriétaires; il est bien temps qu'on laisse en repos les *locataires.*

MIRONTAINE. Ah! sapristi! quelle bavarde!.. j'en sue!.. (*Il ôte son chapeau, et s'essuie le front.*)

DIANE, *prenant le chapeau de Mirontaine.* Est-ce que vous voulez le vendre, vot' chapeau?

MIRONTAINE. Mais, du tout!..

DIANE. Si fait! si fait!.. Il est sale, il est vieux... (*Criant.*) Chapeaux à vendre!.. v'là la marchande de chiff's!

MIRONTAINE. Mais, Madame!

DIANE, *criant.* Chapeaux à vendr'!.. (*Elle met le chapeau de Mirontaine par-dessus son chapeau de femme ; Mirontaine cherche à ravoir le sien.*)

ENSEMBLE, REPRISE.

L' Templ' va-t-être démoli! etc.

MIRONTAINE.

Mon chapeau n'a pas vieilli!
Y n' doit pas être embelli!
Me le prendre, sapristi!
Ça n'est pas poli!
Ça n'est pas joli!

(*Diane disparaît.*)

MIRONTAINE. Me prendre mon chapeau!.. découvrir mon chef!.. Mais, c'est un vol au premier chef!.. et j'ai très-froid à la tête!.. Dites donc, Esprit frappeur, en fait de merveilles, est-ce que vous ne pourriez pas me procurer une chaufferette !

L'ESPRIT. Oh! j'ai mieux que ça!.. Je m'en vais te faire venir l'Été.

MIRONTAINE. L'Été!.. Ah! ça me fera plaisir!

SCÈNE VIII.

LES MÊMES, L'ÉTÉ.

(*Costume de gaze, avec fourrures ; l'Eté porte un capuchon et un manchon.*)

L'ÉTÉ.

Air de *Gastibelza.*

Que j'ai froid! (*Bis.*)
Ma main gelée,
A l'onglée.
Que j'ai froid! (*Bis.*)
Près de moi, le froid
S'accroît.
Oui, mes feux
En tous lieux,
Naguère,
Brûlaient la terre.
Mon ardeur,
Ma chaleur
Décolletaient la pudeur ;
Mais, par malheur,
J'ai trop froid!
Ma main gelée,
A l'onglée.
J'ai trop froid! (*Bis.*)
Près de moi, le froid
S'accroît.

MIRONTAINE. Comment! l'Été qui a l'onglée !
L'ÉTÉ. Brrrrou!.. quel frisquet!
MIRONTAINE. Frisquet!.. mais, charmant Été, il est impossible que... Mais, en effet!.. vous êtes gelé?
L'ÉTÉ. Ne m'en parlez pas... j'ai un froid de loup... vous n'auriez pas un calorifère ?

MIRONTAINE. L'Été qui me demande du feu!.. Ah ! je préfère le Printemps.
L'ESPRIT. Le Printemps, le voici! (*Ici, le jour baisse, et l'on entend la pluie tomber à torrent.*)
MIRONTAINE. Ah! grand Dieu! c'est le déluge.

SCÈNE IX.

LES MÊMES, LE PRINTEMPS.

LE PRINTEMPS, *tenant un parapluie ouvert.*

Air : *Il pleut, il pleut, bergère.*

Il pleut, il pleut, sur terre ;
Le joli mois de mai,
Qui savait tant nous plaire,
N'est plus ce mois si gai !
Toujours un temps contraire,
Toujours un mauvais temps ;
Il pleut, il pleut pour faire
Enrager le printemps!

MIRONTAINE. L'Été gelé, le Printemps mouillé ; mais je vais m'enrhumer!.. Je demande l'Automne et ses vendanges!
L'ESPRIT. Je te vois venir... tu veux mordre à la grappe !

SCÈNE X.

LES MÊMES, L'AUTOMNE.

(*Jour à la rampe.*)

L'AUTOMNE.

Air :

Il tonne! (*Bis.*)
Pauvre automne,
Que devenir!
Il tonne!
L'automne
Voit tout périr!
Hélas! vainement, je m'indigne!
Je n'ai plus de feuilles de vigne!
C'est à me croire ensorcelé!
Quand mon raisin n'est pas gelé,
Mon raisin est brûlé!
Il tonne! etc.

MIRONTAINE. Comment!.. l'Automne aussi!... Ah çà! mais toutes les saisons sont donc renversées!... L'Hiver!... je demande l'Hiver!

SCÈNE XI.

LES MÊMES, L'HIVER.

L'HIVER, *habillé de gaze et couronné de fleurs.*

Air :

Ah! j'ai trop chaud, j'ai trop chaud, j'ai trop chaud!
En vérité, je brûle ;
La canicule

Arrive ou peu s'en faut ;
Mon Dieu ! que j'ai donc chaud !
Je ne sais pourquoi,
Mais quand sur moi le soleil darde,
Sans y prendre garde,
J'ôte tout ce que j'ai sur moi.
Mon bras découvert,
Ma jambe toujours presque nue,
Fait dire, à ma vue :
Ah ! Dieu ! quel polisson d'Hiver !
Ah ! j'ai trop chaud, etc.

MIRONTAINE. Tiens ! c'est drôle !... cet Hiver m'émoustille !.. Mais que s'est-il passé ?.. de quoi vous plaignez-vous ?..

L'ÉTÉ. Moi, je me plains de l'Hiver.

LE PRINTEMPS. Juste comme moi.

L'AUTOMNE. Et moi, je me plains de l'Hiver, du Printemps et de l'Été.

LE PRINTEMPS, à *Mirontaine*. Tenez, par exemple, moi le Printemps, qui fleurissais tous les parterres et toutes les boutonnières... eh bien ! je ne fleuris plus rien de rien, et cela, grâce à cet accapareur d'Hiver qui escompte toutes mes roses, au profit de madame Prévot.

L'HIVER. Il est bon là, le Printemps... est-ce qu'il ne me faut pas des fleurs pour mes bals, pour mes soirées.

LE PRINTEMPS. Eh bien ! et les fleurs artificielles ?..

L'HIVER. Bah ! il n'y en a déjà que trop dans nos salons.

LE PRINTEMPS. Tout cela n'empêche pas qu'aujourd'hui, c'est à qui jettera la pierre au pauvre Printemps.

Air : *Tout ça passe* (ter) *avec le temps.*

Lucas conduisit Babet,
Au printemps, dans un bocage,
Les voilà, sous un bosquet,
Lorsque survient un orage.
Si de causer côte à côte,
Lucas n'a pas eu le temps,
Hélas ! ce n'est pas sa faute,
C'est la faute, (*Bis.*)
C'est la faute du printemps.
On m'accuse à tout propos,
Et tout se fait par ma faute ;
Si les tables, les chapeaux,
Ne tournent plus, c'est ma faute ;
Si le gaz éclate et saute,
Si les cosaqu's, les hullans,
Portent la tête si haute,
C'est la faute, (*Bis.*)
C'est la faute du printemps.

L'AUTOMNE. Faites donc pousser la vigne avec un Hiver des tropiques, un Printemps diluvien et un Été du quai des Morfondus !

MIRONTAINE. Au fait, ça a l'air d'une conspiration.

L'AUTOMNE.

Air des *Premières armes du Diable.*

L'automne est un temps que la France
Bénissait,
C'est avec lui que l'abondance
Renaissait.
Mes fruits les meilleurs, j'en soupire,
Sont mauvais ;
Je ne peux plus même produire
Des navets !
Combien d'illusions détruites
Quand je vois,
Jusqu'aux pommes de terre... frites,
Grâce à moi !
L'automne, à présent,
N'est plus amusant ;
Rien n'est monotone
Comme un triste automne,
Qui ne donne enfin,
Ni fruits, ni raisin !

TOUTES.
L'automne, à présent, etc.

MIRONTAINE. Eh quoi ! jusqu'aux pommes de terre, jusqu'aux navets !... c'est dommage... J'aimais assez les navards aux canets... (*Se reprenant.*) Non, les canards aux navets...

L'ÉTÉ. A mon tour de me plaindre, et avec cent fois plus de raison... Figurez-vous, Monsieur, que cette année j'avais rouvert tous mes jardins publics : Mabille, la Chaumière, l'Élysée, la Folie-Asnières.

MIRONTAINE. Je connais cette folie... j'y ai é é faire sauter...

L'ÉTÉ, *l'interrompant*. Une dame ?..

MIRONTAINE. Non, un lapin ; mais continuez.

L'ÉTÉ. Je vous disais donc que j'avais rouvert tous mes jardins champêtres... Déjà l'orchestre était à son poste, la joie sur toutes les figures et les éventails dans toutes les mains, lorsque, patatra... En un instant, le baromètre se met à la tempête... il pleut, il neige, il grêle, et tout cela, grâce à M. l'Hiver qui m'envoyait, en manière de restitution, ses frimas et sa tristesse qu'il avait troqués contre ma joie et ma verte parure.

LE PRINTEMPS, à *l'Hiver*. Je veux que l'Hiver me rende mes fleurs.

L'ÉTÉ, *de même*. Je veux qu'il me rende mes beaux jours.

L'AUTOMNE, *de même*. Je veux que vous me rendiez tout ce que vous m'avez pris.

L'HIVER. Jamais !.. je garde tout pour moi.

Air de *Pepito.*

Je prétends régner sur la terre !
A moi seul, dans quelque temps,
Je ferai ce que n'ont pu faire,
Ni l'Été, ni le Printemps,
Plus jamais de nez écarlates,
De ces gros et vilains nez,
Que cachent de hautes cravates ;
Plus de ces nez

Emprisonnés,
   Et condamnés
      Aux chache-nez !
Ah ! vive l'hiver qui sera l'été !
J'aurai ses ardeurs, j'aurai sa gaité,
   Même, je ferai naître en même temps,
Les fruits de l'automne et les fleurs du printemps !

TOUS, REPRISE.

L'HIVER.

Quand janvier n'aura plus de glace,
Vous verrez, au jour de l'an,
Le vieillard que sa femme embrasse,
Embrassé plus chaudement.
On verra, sous un vert feuillage,
Le carnaval nous charmer !
On pourra se mettre en sauvage.
   Oui, s'emplumer,
   Sans s'alarmer,
   Et s'enflammer
   Sans s'enrhumer !
   Ah ! vive l'hiver, etc.

TOUS, REPRISE.

L'HIVER.

En faisant pousser à la ronde,
Les melons, les petits pois,
Je prétends plaire à tout le monde,
Hormis aux marchands de bois !
De l'hiver, les modes nouvelles,
A l'avenir, charmeront ;
En janvier, oui, toutes les belles
   S' découvriront,
   S' décoll'teront,
   S' déshabill'ront,
   Et chanteront.

ENSEMBLE.

Ah ! vive l'hiver, qui devient l'été,
Il a ses ardeurs, il a sa gaité,
   Puisqu'il fait déjà naître en même temps,
Les fruits de l'automne et les fleurs du printemps !

LES AUTRES PERSONNAGES.

Bon ! voilà l'hiver qui devient l'été,
Il a ses ardeurs, il a sa gaité,
   Et dit qu'il fera naître en même temps,
Les fruits de l'automne et les fleurs du printemps !

L'ESPRIT. Eh bien ! qu'en dis-tu ?

MIRONTAINE. Je dis que nous sommes à deux cents lieues des Merveilles du monde, du colosse de Rhodes, par exemple !..

L'ESPRIT. Ah ! c'est un colosse qu'il te faut ?.. Eh bien, je vais te montrer le colosse de la Gaîté !

SCÈNE XII.

LES MÊMES, UN COSAQUE, LE JARDIN TURC.

CHŒUR.

Air :

   C'est une horreur,
   Se conduit-on de la sorte ?

   Moi, je vous fais
   Vous faites   peur !
A chaque consommateur,
Corbleu ! morbleu !
De chez moi, je veux qu'il
Il ordonne que je   sorte,
   Ou,
   Et,   sacrebleu !
Tous deux, nous verrons beau jeu.

MIRONTAINE. Mais qu'est-ce donc ? qu'y a-t-il ? qui êtes-vous ?

LE JARDIN. Qui je suis, Monsieur ?.. je suis le Jardin Turc, un jardin paisible qui ne reçoit que du beau monde, et Monsieur... (*Il montre le Cosaque.*) qui n'est pas du beau monde, tant s'en faut, sous prétexte qu'il demeure à côté de chez moi, veut envahir mon établissement, et vous comprenez, ça me fait du tort, ça occasionne des troubles, des rassemblements ; je veux le mettre à la porte, et il me répond que c'est justement la Porte qu'il veut prendre.

LE COSAQUE. Monsieur, qui n'entend qu'une cloche n'entend qu'un son. Je demeure à la Gaîté, où j'ai toutes sortes de désagréments ; tous les soirs, on me bat, on m'éreinte, devant deux mille spectateurs, c'est assommant... Alors moi, quand j'avais reçu ma tripotée, je voulais aller me reposer au Jardin Turc, je voulais lui faire don de ma pratique ; mais il m'a répondu : Je te remercie, *Cosaque, du don.* Ça m'a exaspéré, et j'ai passé le boulevard sans sa permission.

LE JARDIN. Et dans cet affreux costume !.. un homme sans tenue, sans principes !

LE COSAQUE. Oui, ce jardin prétend que la barbarie m'a ôté tous mes principes, et il refuse de m'ouvrir sa porte tant que j'aurai les *principes ôtés.*

MIRONTAINE. Écoutez donc, il est dans son droit.

LE COSAQUE. Ah ! prout !

LE JARDIN. Vous dites ?

LE COSAQUE. Prout, prout !.. passez-moi le mot.

LE JARDIN. Il veut que je laisse passer le Prout ?

LE COSAQUE. Et bien mieux, je veux m'étendre... m'étendre sur ton divan...

LE JARDIN. Vous l'entendez, il veut s'étendre... et dire que c'est la Gaîté qui nous vaut ça !

Air :

   Gueux d' Cosaques ! (*Bis.*)
   Ah ! quelle fatalité !
Je suis en butte aux attaques,
   Des Cosaques
   De la Gaîté.
A mes tables, s'il se place,
Il se croit dans un bouchon ;
Au lieu de prendre une glace,
C' monsieur veut prendre un canon,
   Gueux d' Cosaques, etc.
Du feu ! dit-il. Moi, j'appelle,

Mais, voyez l'affreux glouton,
Il a mangé la chandelle
Que lui présentait le garçon.
LE COSAQUE, *parlé*. Je l'aime ! je l'aime !
LE JARDIN.
Gueux de Cosaques ! etc.
Chez moi, malgré ma défense,
Si tu r'viens, grand je n' sais qui,
J' te promets un' contredanse,
Sur l'air de la Cosaqui.
TOUS.
Gueux de Cosaques !
LE COSAQUE. Comme on m'arrange ! comme on m'arrange !.. c'est dégoûtant !
L'ESPRIT. Voyons, voyons, monsieur le Cosaque, la paix !
MIRONTAINE. Oui, fichez-nous la paix.
LE COSAQUE. Mais je ne demande pas mieux.
TOUS. Ah !
LE COSAQUE.

Air : *N'en demandez pas davantage.*

Avec le Jardin Turc, je veux,
Faire la paix, mais sans partage,
Y m' faut ses objets précieux :
Ses bols, ses cuillèr's à potage,
Son kirsch, son wermouth,
Et quand j'aurai tout,
Je n'en demand'rai pas davantage.
LE JARDIN. Ah ! je rage, je rage !
MIRONTAINE. La moutarde me monte.
L'ESPRIT. J'ai envie de le calotter.
LE COSAQUE. Des menaces !.. alors, gare aux bosses, car je suis en fait de *bosses, fort.*
LE JARDIN. En vérité !

Air de *Madame Favart.*

Pour mettre un terme à ses forfanteries,
Apparaissez contre ce furibond,
Café du Cirque et café des Folies,
Café Lyrique et café du Gibou.
(*Ici entrent quatre garçons de café.*)
LE COSAQUE, *à part.*
Moi, qui voulais lui tirer des carottes,
Les voilà tous ! à présent je suis sûr q'
Ils me ficheraient des calotes,
Si j'entrais dans le Jardin Turc.
LE JARDIN. Eh bien ! Cosaque, qu'en dis-tu?
LE COSAQUE. Ce que j'en dis...

Air : *La clef.*

La paix, (*Bis.*)
Vive la paix !
Plus de disputes,
Plus de luttes.
La paix, (*Bis.*)
Vive la paix !
Qui, désormais,
Vive la paix !
Embrassons-nous, plus de colères.
LE JARDIN.
Gâces à ce nouveau traité,

Je retourne à mes petits verres.
LE COSAQUE, *dissimulant sa colère.*
Moi, je retourne à la Gaîté !
God fordom !

REPRRISE.

(*Le Cosaque et le Jardin Turc sortent chacun de son côté, suivis par les quatre garçons.*)
(*Ici le théâtre change et représente un vaste jardin illuminé. — Foule de danseurs et de danseuses.*)

MIRONTAINE. Ah ! mon Dieu !.. où sommes-nous donc, maintenant?
L'ESPRIT. Dans nos jardins de Babylone.

CHŒUR.

Air :
Ah ! les beaux jardins, que les jardins de Babylone !
Mais, ceux de Paris,
Ceux de Paris,
Ont bien leur prix.
Au bruit du piston, dame! il faut voir comme on s'en
Les Parisiens   [donne ;
Enfoncent les Babyloniens.
Ah ! les beaux jardins, que les jardins, etc.
LE JARDIN MABILE.
Au Jardin Mabile ,
On trouve la beauté docile,
LE JARDIN DES FLEURS.
Au Château-des-Fleurs,
On voit s'épanouir les cœurs.
LA CHAUMIÈRE.
La morale austère
Est consignée à la Chaumière.
LE JARDIN D'HIVER,
Au Jardin d'Hiver,
L'amour peut s'ébattre à couvert.
L'ESPRIT.
Au Château-Rouge, grand concert,
Bref ! partout on chante en plein air.
TOUS.
Ah ! les beaux jardins, etc.
LE JARDIN MABILE.
Venez à Mabile,
On trouve en ce riant asile,
Un mari, ma foi,
Plus vite que chez monsieur Foy !
LE CHATEAU-DES-FLEURS.
Mon jardin champêtre,
Sous ses bosquets touffus voit naître
Des fleurs par milliers,
Fleurs que cherchent les écoliers,
Mais, qui n'aiment pour jardiniers,
Que des milords ou des banquiers !
TOUS.
Ah ! les beaux jardins, etc.
L'ESPRIT.
Si dans Babylone,
Un jardin suspendu m'étonne ;
Ici, nous voyons
Suspendre lustres et lampions.

> Là, chaque vestale
> Est en suspens sur la morale.
> Maint individu,
> Cancanne à son cou suspendu ;
> Mais toujours il est défendu,
> Que le plaisir soit suspendu.

FURET, *entrant vivement.* Cavalier seul !..

FURET.

> Ah! les beaux jardins! les beaux jardins! comme on
> C'est dans vos taillis,   [s'en donne!
> Que Paris
> Est un paradis!
> Vive le piston! car le piston, quand il pistonne,
> Charme tous les cœurs,
> Des danseuses et des danseurs.
> TOUS LES JARDINS, *en sortant.*
> Ah! les beaux jardins! etc.

SCÈNE XIII.

LES MÊMES, FURET.

FURET. Ah! charmant! charmant! charmant!..
les jardins, les concerts, les théâtres, jolis,
jolis, jolis!

MIRONTAINE. Quel est ce monsieur?

FURET. Qui je suis!.. Furet, le furet des bals,
des jardins publics, des concerts, des théâtres;
je m'introduis, je me glisse, je me faufile partout.
Je suis à toutes les premières, à toutes les se-
condes, à toutes les troisièmes, je vais à toutes les
places, dans toutes les coulisses; à l'orchestre des
musiciens, au cintre, dans le dessous, partout,
partout, partout!..

> Air :

> C'est Furet, oui, Furet, le furet des furets,
> Qui partout furète
> En cachette,
> Qui sait tous les secrets,
> Les projets,
> Les caquets,
> C'est Furet, le furet des furets.
> Je sais, je connais tout,
> Je vois tout, j'entends tout,
> Je me mêle de tout,
> On me trouve partout :
> Chez l'auteur,
> Chez l'acteur
> Et chez le directeur.
> Je vais, je viens, je me promène,
> Toujours je me démène,
> Et crois, de bonne foi,
> Que tous les théâtres, c'est moi.
> Qui, des acteurs français,
> Protége les essais?
> Qui, partout trouve accès,
> Qui fait tous les succès?..
> C'est Furet, oui Furet, etc.

MIRONTAINE. Voilà enfin quelqu'un qui va pouvoir me parler des théâtres... Commençons par le
Palais-Royal...

FURET. Le Palais-Royal!.. oh! beau théâtre!
superbe théâtre! magnifique théâtre! grand
théâtre!

MIRONTAINE. Vraiment?

FURET. Une salle neuve, et de petits crochets
aux fauteuils d'orchestre pour accrocher les chapeaux.

MIRONTAINE. Ah! l'on peut accrocher son chapeau?

FURET. Non, Monsieur, non, le chapeau ne
s'accroche pas, mais les chaînes de montre s'ac-
crochent; ça retient, ça contrarie, ça arrache...
c'est très-ingénieux!

MIRONTAINE. Mais les pièces... s'accrochent-elles
aussi?

FURET. Oh! jamais! belles pièces, superbes
pièces, magnifiques pièces!

MIRONTAINE. Comment les appelez-vous?

FURET. Tous titres anglais! Sir John Esb. cuff;
les Anglaises pour rire, et To be or not, to be.

MIRONTAINE. Vous dites?

FURET. To be, or not to be.

MIRONTAINE. Qu'est-ce que ça veut dire?

FURET. On n'a jamais pu le savoir... on a fait
des fouilles, on a fait des recherches, jamais on n'a
pu le savoir!

MIRONTAINE. Même en voyant la pièce?

FURET. Surtout, en voyant la pièce.

MIRONTAINE. En ce cas quittons ce théâtre anglais et parlez-moi du Théâtre-Français.

FURET. Le Théâtre-Français!.. beau théâtre,
superbe théâtre, magnifique théâtre, grand
théâtre!..

MIRONTAINE. Oui, je sais cela, mais qu'y joue-
t-on?

FURET. On y jouera. . on n'y jouera pas... il
serait possible qu'on y jouât ou qu'on n'y jouât
pas... enfin, on y jouera, peut-être, cinq actes,
faits en cinq jours pour être joués cinq fois...
non, cinq cents fois.

MIRONTAINE. Avec mademoiselle Rachel?

FURET. Non ; mademoiselle Rachel est en
Russie... elle vient de passer le Pruth... prout!
prout! prout!

MIRONTAINE. Comment! cette grande tragé-
dienne qui faisait de si belles recettes! l'espoir,
l'honneur du Théâtre-Français...

FURET. Le Théâtre-Français méprise l'Honneur
et l'Argent.

MIRONTAINE. En ce cas, c'est un théâtre unique!
Parlons un peu du Vaudeville.

FURET. Le Vaudeville, beau théâtre, superbe
théâtre, magnifique théâtre, grand théâtre!..

MIRONTAINE. Oui, c'est convenu, mais quels
sont ses chefs-d'œuvre?

FURET. *Les Filles de marbre.*

MIRONTAINE. Après?..

FURET. Les Filles de marbre...

MIRONTAINE. Non, je dis après?

FURET. Toujours les Filles de marbre! Depuis que le Vaudeville a dit que les honnêtes femmes allaient à pied, on ne voit plus que des voitures à la porte du Vaudeville.

MIRONTAINE. Tiens! tiens! tiens! tiens!

FURET. Et comme c'est tenu, Monsieur!.. des huissiers au contrôle... des huissiers dans la salle!

MIRONTAINE. Des huissiers à la porte d'un théâtre?..

FURET. Mais ce n'est pas tout... Vous savez bien, cette statue qui était au foyer du public, et qui ressemblait à M. Levassor.

MIRONTAINE. Ah! une espèce de satyre.

FURET. M. Levassor!

MIRONTAINE. Non, la statue, une statue qui se tenait sur une jambe...

FURET. Qui se tenait sur une jambe, c'est ça, la statue du Vaudeville... Eh bien! ce théâtre, qui ne joue plus que le drame, a relégué cette statue sous le péristyle, ce qui fait dire à tout le monde que le Vaudeville a mis le Vaudeville à la porte.

MIRONTAINE. Mais ne m'a-t-on pas parlé d'une pièce sur les vins de France?

FURET. Oui, Monsieur, une petite pocharde, non, pochade... une petite pièce de vin... bleu!

MIRONTAINE. On m'a dit que les Vins de France étaient représentés par quinze femmes habillées en vins.

FURET. Justement, c'est une pièce de quinze-vingts. —Pauvre aveugle!

MIRONTAINE. Ah! farceur! Et l'Opéra-Comique?

FURET. Oh! beau théâtre! superbe théâtre! magnifique théâtre! grand théâtre !..

MIRONTAINE. Oui, c'est convenu ; mais enfin, que chante-t-on ?..

FURET. Ce qu'on y chante?.. Voilà, Monsieur... la romance de l'Aiguille dans les noces de Jeannette... C'est Jeannette qui chante.

Air :

Cours, mon aiguille, dans la laine,
Ne te brise pas dans ma main ;
On irait pendant ce refrain,
De la Bastille à la Mad'leine.
Cours, mon aiguille, dans la laine,
Ah! j'ai failli perdre l'*haleine*...
Cette scène qui n'est pas sotte,
Prouve aux femmes de tous pays,
Qu'elles doivent, de leurs maris,
Raccommoder la veste et la culotte.
Courons à l'Opéra-Comique
C'est un nouveau charme pour nous,
Courons pleurer, il est si doux
De pouvoir pleurer en musique!
Courons, aux sons de la musique,
Pleurer à l'Opéra-Comique.

(*Parlé.*) A quoi l'amant lui répond : (*Changeant de voix.*)

Margot,
Lève ton sabot. (*Bis.*)
La danse
Commence
Au bruit des crincrins,
Et des tambourins
Fais sauter ton bonnet par-dessus les moulins.
Voici la chansonnette
Du joyeux villageois,
Et ce refrain grivois,
Tout le monde ravi, en sortant le répète.
Margot, etc.

MIRONTAINE. C'est charmant ; mais parlez-moi donc un peu du Gymnase.

FURET. Le Gymnase !.. beau théâtre, superbe théâtre! magnifique théâtre. On y jouait le Pressoir.

MIRONTAINE. Le Pressoir !

FURET. Mais le public, quoique pressé par la presse de se presser au Pressoir, a laissé passer le Pressoir sans s'y presser.

MIRONTAINE. Ah! c'est fâcheux!

FURET. Et pourtant quelle jolie scène! Tenez, Monsieur, je vais vous donner une idée de ces mœurs populaires. . C'est la nature prise sur le fait. Le Gymnase montre les ouvriers tels qu'ils sont; il les fait parler comme ils parlent... Tenez, voilà comme s'exprime un affreux charpentier, dans son langage abrupte et grossier.

MIRONTAINE. Ah! voyons!

FURET. « J'avais pour moi la vraie religion de « l'âme, et j'adorais cette ange, cette ange au « cœur d'or, aux yeux d'azur; cette ange descen- « du du paradis sur la terre, » à quoi le menuisier, un chenapan, un voyou, lui répond d'une voix canaille : « Mais, cette ange, je l'adorais « aussi !.. je croyais voir ses ailes se déployer, et « je rêvais que je montais au ciel sur un nuage de « pourpre et d'or. » Voilà, Monsieur, comme s'expriment les paysans de la commune de Bonne-Nouvelle.

MIRONTAINE. C'est plein de vérité !

L'ESPRIT. Mais, tu ne nous parles pas de Diane de Lys?

FURET. Oh! Diane de Lys, quel succès !.. Une femme du monde, une vraie femme du monde, qui va folichonner chez un jeune peintre... elle ouvre ses tiroirs, lit sa correspondance, essaie ses vieux gants, chausse ses vieilles bottes...

MIRONTAINE. La femme du monde?

FURET. Oui, Monsieur, toutes les femmes du monde essaient les vieilles bottes des jeunes peintres.

MIRONTAINE. Vous m'étonnez.

FURET. C'est étonnant !.. Le jeune peintre devient son amant... une vraie femme du monde... elle fait son mari... Satanée femme du monde

MIRONTAINE. Et pourquoi appelle-t-on cette drôlesse Diane de Lys?

FURET. Parce que le lys du Gymnase a toute la blancheur du camélia du Vaudeville.

MIRONTAINE. Passons bien vite aux Variétés... qu'y joue-t-on?

FURET. On y joue à la marelle, au bouchon, au palet avec des coquilles d'huîtres... on saute à cloche-pied... on y fait des gamineries...

MIRONTAINE. Ah! dans les Trois Gamins!

FURET

Air :

> Dans cett' pièce un vieillard,
> Qu'est tant soit peu ganache,
> En s' prom'nant sur l' boulevard,
> D'un gamin s'amourache;
> Faut conv'nir que c' vieillard
> Est un' fameus' ganache!
> Il lui donne un appartement
> Et la table et le logement,
> Avec de beaux habillements,
> Sans prendre aucuns renseignements.
> Mais l'affreux gamin a d'autres goûts,
> Il préfère le vin à quat' sous,
> Ce vieux bambocheur d' vin à quat' sous,
> Cett' affreus' canaill' d' vin à quat' sous!
> Et dit à chacun : venez tous
> Boire avec nous l' vin à quat' sous,
> Venez, venez, comme des trous,
> Boire avec nous l' vin à quat' sous!
> Vrai, c'est, pyramidal!
> Mais, c'est en fin de compte,
> Un ouvrag' colossal,
> Comme en jou' monsieur Comte;
> On n' voit rien d' plus moral,
> Même chez monsieur Comte.
> Mais un lutin charmant est là,
> Qui nous fait avaler tout ça,
> Et qui nous met tous sens d'ssus d'ssous,
> En chantant le vin à quat' sous !
> Ce méchant pochard d' vin à quat' sous!
> Ce vieux scélérat d' vin à quat' sous!
> Cet atroc' filou d' vin à quat' sous!
> Cet affreux cosaqu' d' vin à quat' sous!
> Sans l'actric et l' vin à quat' sous,
> La pièce n' vaudrait pas quat' sous!

MIRONTAINE. Autrefois, on chantait le champagne; aujourd'hui, l'on chante le vin à quatre sous!.. Je ne m'étonne plus si la gaieté française...

FURET, *pleurant*. La Gaieté!.. Ah! Monsieur, ne me parlez pas de la Gaieté!.. Avez-vous vu *Georges et Marie*, et *Pauvre Idiot?*.... Deux pièces déchirantes où l'on pleure toujours, à chaque mot! comme par exemple : Bonjour Monsieur... Comment vous portez-vous? Pas mal merci!.. Et vous? —Vous êtes bien bon!.. (*Pleurant plus fort.*) Tiens! vous avez votre parapluie?.. —Oui; c'est pour aller chez mon notaire;

il fait très-beau, mais il pourrait pleuvoir!.. (*Sanglotant.*) Il faudra que je passe à la Bourse pour mettre ma montre à l'heure, à moins que je ne me règle sur le canon du Palais-Royal... (*Avec un sanglot déchirant.*) en allant dîner à trente-deux sous!... Puis le soir, j'irai rire, rire comme un fou au théâtre.

MIRONTAINE, *pleurant*. Assez! assez de gaieté comme ça!

FURET, *très-gaiement*. Aimez-vous mieux la danse?... La danse de l'Opéra?.. Une danse distinguée et de bon goût!..

MIRONTAINE. Oui, Monsieur, je préfère...

FURET. Nous allons vous donner une idée de cette danse vraiment noble. (*A l'Esprit.*) A nous deux, jeune homme!

MIRONTAINE, *pendant qu'on se met en place.* Ah! voyons cette danse vraiment noble. (*Danse. — Pas comique de Jovita.*)

FURET, *après la danse.* Voilà, Monsieur, cette danse vraiment noble.

MIRONTAINE. Allez vous promener.

FURET. Me promener!.. je ne fais pas autre chose!.. Je vais, je viens, je cours, je furète!.. Je suis Furet, Furet, Furet.

Reprise de l'air d'entrée.

C'est Furet, oui, Furet, etc.

(*Il sort en courant.*)

SCÈNE XIV.

MIRONTAINE, L'ESPRIT, TOUS LES PERSONNAGES, *excepté* FURET.

MIRONTAINE. Ce sont là toutes vos merveilles!.. Tout cela n'est bon qu'à mettre dans le tombeau de Mausole.

L'ESPRIT. Le tombeau de Mausole... C'est vrai, je l'avais oublié. (*Changement. — Au fond, un omnibus; plusieurs personnes en occupent le haut et l'intérieur.*)

CHŒUR.

Air :

> Allons, allons, dépêchons-nous,
> Conducteur, quand partirons-nous?
> Conducteur, il ne fait pas chaud,
> Ne nous laissez donc pas là-haut!

MIRONTAINE, *voyant l'omnibus.* Le tombeau de Mausole!.. Ça?.. un omnibus...

L'ESPRIT. Oui! parce qu'il renferme toutes les nouveautés enterrées cette année.

DIANE BAZU. Conducteur?.. allez-vous bientôt partir?

LE JARDIN TURC, *entrant.* Attendez!.. attendez, conducteur!.. Avez-vous une place là-haut?

LE CONDUCTEUR. Il en reste une.

LE COSAQUE. Du sexe qui va monter!.. Le conducteur va rire!..

LE CONDUCTEUR. Tenez-vous ferme!

LE JARDIN TURC. M'y voici!

LE COSAQUE. Le Jardin Turc!..

LE JARDIN TURC. Encore cet affreux Cosaque!..

DIANE. Il y a des Cosaques sur l'omnibus!.. Conducteur!.. je demande à descendre!

LE CONDUCTEUR. Madame, vous n'avez pas payé.

DIANE BAZU. Qu'est-ce qu'y dit?

LE COSAQUE. Le conducteur réclame ses trois sous.

DIANE. Ah! credienne! j'ai oublié mon porte-monnaie. Dites donc; Cosaque, prêtez-moi donc quinze centimes.

LE COSAQUE. Impossible! il me manque un sou pour moi; faudra que je laisse ma lance au bureau.

DIANE BAZU. Comment! personne ne peut me prêter trois sous?

FARIBOLE. Je vous les prête, moi, Madame.

DIANE BAZU. Ah! grand homme!..

FARIBOLE, *écrivant.* « En omnibus, je fis l'au-« mône de trois cents francs à un vieux cheva-« lier de Saint-Louis... quatre heures trente-cinq « minutes du matin. »

LE JARDIN TURC. Mais, Cosaque, vous avancez trop sur moi!.. reculez!

LE COSAQUE. Reculez vous-même!.. ou mettez-vous dans l'omnibus.

LE JARDIN TURC. C'est ça! pour que vous ayez le dessus!

DIANE BAZU, *se plaçant entre eux d'eux.* Voyons, voyons, mes petits enfants, je propose une solution... solutionnons!

LE COSAQUE. C'est moi qui ai raison!

LE JARDIN TURC. C'est lui qui a tort!

LE COSAQUE. Non! c'est lui!

LE JARDIN TURC. Non! c'est vous!

DIANE BAZU. Tenez, voulez-vous que je vous dise... vous m'embêtez!.. voilà ma solution!.. je redemande à descendre!.. au fait, non, je ne descends pas... il y a trop de monde... on pourrait voir mes mollets.

UN MONSIEUR, *passant sa tête par une fenêtre de l'omnibus.* Qui est-ce qui parle de mollets?

DIANE. Comment! il y a du monde là-dessous!.. voulez-vous bien rentrer, polisson.

GIRANDOLE, *écrivant.* « Impressions de voyage « sur un omnibus à trois sous. »

DIANE. Au fait, si, je descends... Conducteur, ne partez pas!

LE COSAQUE. Quel rasoir que cette vieille!

DIANE. Plaît-il?

LE COSAQUE. Allons, tachez de faire votre descente.

DIANE. Mais c'est parce que je le suis décente, que je ne la fais pas, ma descente.

FARIBOLE. Ah! quelle scie! (*Écrivant.*) « Règle

« générale, il faut se mettre au-dessus de tout, « mais jamais au-dessous d'un omnibus... quatre « heures vingt-huit minutes du matin. »

L'ÉTÉ, *fermant la fenêtre de l'omnibus.* Vraiment, on gèle dans cet omnibus!

L'HIVER, *ouvrant une autre fenêtre.* Ah! mon Dieu! mais on étouffe.

GIRANDOLE, *écrivant.* « J'ai voyagé sur une im-« périale d'omnibus, avec du bien vilain monde. »

FARIBOLE, *écrivant.* « Sur mon impériale, je me « trouvais en société de trois marquis, d'un comte « et de deux barons... quatre heures trente-sept « minutes du matin. »

DIANE. Décidément, il faut que je descende.

LE COSAQUE. Encore!.. Est-ce que vous n'allez pas vous tenir tranquille, vieille bête?

DIANE. Vieille bête!.. voilà un Cosaque bien mal élevé!.. vieux *muffle!*

FARIBOLE, *écrivant.* « Notre conversation fut « très-spirituelle... quatre heures cinquante-sept « minutes du matin. »

<hr>

SCÈNE XV.

LES MÊMES, FURET.

FURET, *entrant.* Place! place!.. Je vous annonce une huitième merveille de Paris!... un nouveau théâtre, un théâtre gastronomique!

TOUS LES PERSONNAGES DE L'OMNIBUS. Gastronomique!... descendons!.. descendons!

CHŒUR.

Air: *Tourbillon.*

Ne tardons pas,
Allons descendons bien vite!
Car ce repas
Sera pour nous plein d'appas!

FURET, *une carte de restaurateur à la main; lisant à haute voix.* Passage Jouffroy.

— Dîners de Paris. — On commencera à quatre heures et demie précises. —Première représentation de: Une Dinde aux truffes, grosse pièce de résistance, précédée de la Carotte de longueur, prologue aux légumes.

MIRONTAINE. Oh! quel joli théâtre!.. j'y prendrai une entrée.

FURET. Vous aurez une entrée de bœuf. (*Continuant sa lecture.*) Pour cette fois, seulement: Les Merlans et les Éperlans; intermède au gratin, précédé d'un Faisan, roustissure au gros sel pour les habitués du Palais-Royal. Le spectacle sera terminé par Charlotte...

MIRONTAINE. Corday?

FURET. Non! Charlotte et Plombière. Et l'on commencera par une Julienne. Entrez! entrez!.. prrrenez vos billets!... Toutes les places sont à trois francs vingt-cinq centimes. On est bien placé, bien servi, et rien à donner aux ouvreuses... non!.. aux garçons!.. Les petits bancs... d'huîtres se paient à part.

TOUS. Allons-y tous! tous!

MIRONTAINE. Un instant!

VAUDEVILLE FINAL.

MIRONTAINE.

Air :

Pour terminer comm' ça s' fait
  Par un' chansonnette,
Chantons chacun un couplet
  Qui n' soit pas trop bête!

ENSEMBLE.

Air :

    Chantons, (*Bis.*)
     Sur tous les tons,
     Sur tous les tons
      Chantons. (*Bis.*)

LE CHATEAU-ROUGE.

L'âm' de la terr' va parler, c'est certain,
Un jeun' monsieur qui n'est ni fou, ni chauve,
Va s'écriant : Sauvons le genre humain,
Et c'est d' lui que l' genre humain s' sauve!

L'AUTOMNE.

Oui, le pays de raisin manquera,
J'ai des buveurs trompé la confiance.
Qu'importe?.. en France on s'en consolera :
Moins il y a d' vin, plus il y a d'abondance.

GIRANDOLE.

J'ai composé des Mémoires savants;
Quoiqu'épicier, je suis très-littéraire,
Et, cependant, des critiqu's ignorants
Trait'nt ces Mémoir's d' mémoires d'apothicaire.

L'ÉTÉ.

L' chapeau-calèche est un chapeau nouveau,
De l'acheter faut voir comme on s' dépêche,
Car la beauté, qui n'a pas un landau,
Sort en chapeau pour sortir en calèche.

FARIBOLE.

Les anciens sous n'étaient pas très-jolis;
Mais, les nouveaux maintenant nous font dire:

Qu'on ne peut pas faire, dans ce pays,
Un nouveau sou sans qu'on fasse un sou pire.

LE PRINTEMPS.

L' busc électrique est un busc effrayant!
Compromettant pour une jeune fille,
Car, il attire, en les électrisant,
Les amoureux, quand ell' se déshabille.

MIRONTAINE.

Tous les Anglais, devant leur milady,
Auraient rougi de parler de culotte,
Et, cependant, à la Bourse, aujourd'hui,
Yn' rougiss'nt pas d' nous envoyer leur cote.

LE JARDIN TURC.

Mam'sell' Charlott' me servait à bas prix,
Mais, cette fille était pleine d'astuce,
Et j' l'ai bien vit' renvoyé' quand j'appris
Que c'te Charlotte était un' Charlott' russe!

LE COSAQUE.

Les Fill's de marbr' n'ont pas d' cœur? quelle erreur!
Ah! revenons de cette erreur profonde;
La preuv' qu'ell's ont du cœur et beaucoup d' cœur,
C'est que leur cœur appartient à tout l' monde!

L'HIVER.

Le Mousquetaire est un journal charmant!
A tout's les femm's bien vite il a su plaire,
Toutes nos bell's, pour s'endormir galment,
En se couchant prennent un mousquetaire.

FURET.

Lise, en tremblant, voit rentrer son époux...
—Que faisiez-vous? —J' faisais tourner ma table. —
Le mari r'garde... un amant était d'sous!
Pour ce mari c'était bien *lamentable!*

DIANE BAZU.

Lorsqu'on voulait choisir un joli nom,
On s'appelait Stéphanie ou Julie;
Mais, depuis la nouvelle invention,
On ne veut plus s'appeler *Stéphanie.*

L'ESPRIT FRAPPEUR.

De nos auteurs modeste protecteur,
L'Esprit Frappeur a vos bontés s'adresse;
Ne dites pas, Messieurs, qu' l'Esprit Frappeur
Soit l' seul esprit qu'ils aient mis dans leur pièce!
  Frappez, frappez, n'ayez pas peur,
  Imitez tous l'Esprit Frappeur.

TOUS.

Frappez, frappez, etc.

FIN.

SUITE DU CATALOGUE.

Les trois Racan.	60
Les Sociétés secrètes.	60
Le Chevalier de Servigny.	60
C'en était un.	60
Les trois Dondon.	60
Giralda.	»
La première chanson de Gallet.	60
Méphistophélès.	60
L'Alchimiste.	60
Le père Nourricier.	60
Grassot embêté par Ravel.	60
La Société du Doigt dans l'OEil.	60
L'Hôtesse de Saint-Eloy.	60
La Fille bien gardée.	60
Le Jour et la Nuit.	60
Plaisir et Charité.	60
Marié au second Garçon au cinquième.	60
Un Bal en robe de chambre	60
Né Coiffé.	60
Le Ménage de Bigolette.	60
Le Pont Cassé.	60
Un Valet sans Livrée.	60
Le Paysan.	60
Charles le Téméraire.	60
L'Anneau de Salomon.	60
Supplice de Tantale.	60
Les Infidélités Conjugales.	60
Les Petits Moyens.	60
Les Escargots sympathiques.	60
La Grenouille du Régiment	60
Les Tentations d'Antoinette.	60
La baronne Bergamotte.	60
Les Extases de M. Hochenez.	60
Le Journal pour rire.	60
Le Renard et les Raisins.	30
La Belle au Bois dormant.	60
La Course aux Pommes d'Or.	60
Christian et Marguerite.	60
L'Avocat Loubet.	60
Royal-Tambour.	60
Mam'zelle fait ses dents.	60
Le vol à la Roulade.	60
La Fée Cocotte.	60
Mon ami Baholin.	60
Le Palais de Cristal.	60
Passiflor et Cactus.	60
Le Duel au Baiser.	60
Les Trois Ages des Variétés.	60
English Exhibition.	60
Blondette.	60
Histoire d'une Rose et d'un Croquemort.	60
L'Agent secret.	60
Drinn-Drinn.	60
Une Paire de Pères.	60
Les Giboulées.	60
Un Monsieur qui n'a pas d'habit.	60
Mignon.	60
La Chasse aux Grisettes.	60
Voilà plaisir, Mesdames!	60
La Vénus à la Fraise.	60
Les deux Prud'hommes.	60
M. Barbe-Bleue.	60
Une Queue Rouge.	60
Le Pour et le Contre.	60
Le Puits mitoyen.	60
Trois Amours de Pompiers.	60
Les Bloomeristes ou la réforme des Jupons.	60
Le Laquais d'un nègre.	60
Los Dansores espagnolas.	60
Madame Schlick.	60
Le Prince Ajax.	60
Les Enfants de la Balle.	60
L'Ami de la maison.	60
La Marquise de La Bretêche.	60
Une Veuve de 15 ans.	60
Une passion à la Vanille.	60
Un service à Blanchard.	60
L'Original et la Copie.	60
Une rivière dans le dos.	60
Cinq Gaillards dont deux Gaillardes.	60
Un Frère terrible.	60
Une Vengeance.	60
Une petite Fille de la Grande Armée.	60
La Fille d'Hoffmann.	60
Un soufflet n'est jamais perdu.	60
Les Femmes de Gavarni	1 »
La Maîtresse d'été et la Maîtresse d'hiver.	60
Les Echelons du mari.	60
Les Néréides et les Cyclopes.	60
Poste restante.	60
Le Portier de sa Maison.	60
Les Compagnons d'Ulysse.	60
Le Roi des Drôles.	60
La Mère Moreau.	60
La Queue du Diable.	60
Le Bal de la Halle.	60
Méridien.	60
La première Maîtresse.	60
La Jolie Meunière.	60
La tante Ursule.	60
Mademoiselle de Navailles.	60
Prunes et Chinois.	60
Histoire d'une Femme mariée.	60
Les Mystères d'Udolphe.	1 »
Une Poule Mouillée.	60
Sullivan.	1 »
Taconnet.	60
Alice ou l'Ange du Foyer.	60
Marco Spada.	1 »
Tabario.	60
Les Abeilles et les Violettes.	60
Le Lutin de la Vallée.	60
Le Baromètre des Amours.	60
Habitez donc votre immeuble!	60
Le Miroir.	60
Richelieu.	1 »
On dira des bêtises.	60
Le Carnaval des Maris.	60
Un Festival.	60
Une jolie Jambe.	60
Le Voyage d'une Épingle.	60
Les Amours du Diable.	60
Les Postillons de Crèvecœur.	60
Les Orientales.	60
L'amour, qué qu' c'est que ça?	60
La Vie à bon marché.	60
La Lettre au bon Dieu.	60
L'ombre d'Argentine.	60
Faute de mieux.	60
Cadet-Roussel, Dumollet, Gribouille et Cie.	60
Fraîchement décorée.	60
Sir John Esbrouff.	60
Les Aides de camp du Général.	60
La Bataille de la vie.	60
Mêlez-vous de vos affaires.	60
Les Moustaches grises.	1 »
Les Vins de France.	60
La Dame aux OEillets blancs.	60
Les Trois-Gamins.	60
La Peine du Talion.	60

LAGNY. — Imprimerie de VIALAT et Cie.